Animales del zoológico

El león marino

Patricia Whitehouse

Traducción de Patricia Cano

Heinemann Library
Chicago, Illinois

© 2003 Reed Educational & Professional Publishing
Published by Heinemann Library,
an imprint of Reed Educational & Professional Publishing,
Chicago, Illinois

Customer Service 888-454-2279
Visit our website at www.heinemannlibrary.com

Designed by Sue Emerson, Heinemann Library
Printed and bound in the United States by Lake Book Manufacturing, Inc.

07 06 05 04 03
10 9 8 7 6 5 4 3 2 1

Library of Congress Cataloging-in-Publication Data
Whitehouse, Patricia, 1958-
  [Sea Lion. Spanish]
  El león marino / Patricia Whitehouse ; traducción de Patricia Cano.
  p. cm.--(Animales del zoológico)
Summary: An introduction to sea lions, including their size, diet and everyday behavior, which highlights differences between those in the wild and those living in a zoo habitat.
  ISBN 1-40340-407-0 (HC), 1-40340-655-3 (Pbk.)
  1. Sea lions--Juvenile literature. [1. Sea lions. 2. Zoo animals. 3. Spanish language materials.] I. Title.
QL737.P63 W5218 2002
599.79'75--dc21

                                                2002068875

Acknowledgments
The author and publishers are grateful to the following for permission to reproduce copyright material:
Title page, pp. 6, 22, 24 Ken Lucas/Visuals Unlimited; p. 4 Barbara Gerlach/DRK Photo; p. 5 James Lemass/Index Stock Imagery; p. 7 David J. Wrobel/Visuals Unlimited; p. 8 Wayne Lynch/DRK Photo; p. 9 Joe McDonald/Corbis; p. 10 Tom & Pat Leeson/DRK Photo; p. 11L Buddy Mays/Corbis; p. 11R Konrad Wothe/Minden Pictures; p. 12 Doug Perrine/DRK Photo; p. 13 James Marshall/Corbis; pp. 14, 20 Chicago Zoological Society/The Brookfield Zoo; p. 15 Gail Mooney/Corbis; p. 16 John Gerlach/DRK Photo; pp. 17, 18 Ken Lucas/Visuals Unlimited; p. 19 Will Troyer/Visuals Unlimited; p. 21 Richard T. Nowitz/Photo Reseachers, Inc.; p. 23 (row 1, L-R) Tom & Pat Leeson/DRK Photo, Corbis, David J. Wrobel/Visuals Unlimited; p. 23 (row 2, L-R) David J. Wrobel/Visuals Unlimited, Wayne Lynch/DRK Photo, William Jorgensen/Visuals Unlimited; p. 23 (row 3, L-R) Ken Lucas/Visuals Unlimited, Greg Probst/Corbis, Jim Schulz/Chicago Zoological Society/The Brookfield Zoo; back cover (L-R) Joe McDonald/Corbis, David J. Wrobel/Visuals Unlimited

Cover photograph by Chicago Zoological Society/The Brookfield Zoo
Photo research by Bill Broyles

Every effort has been made to contact copyright holders of any material reproduced in this book. Any omissions will be rectified in subsequent printings if notice is given to the publisher.

Special thanks to our bilingual advisory panel for their help in the preparation of this book:

Anita R. Constantino
Literacy Specialist
Irving Independent School District
Irving, Texas

Aurora Colón García
Literacy Specialist
Northside Independent School District
San Antonio, TX

Argentina Palacios
Docent
Bronx Zoo
New York, NY

Leah Radinsky
Bilingual Teacher
Inter-American Magnet School
Chicago, IL

Ursula Sexton
Researcher, WestEd
San Ramon, CA

We would also like to thank Lee Haines, Assistant Director of Marketing and Public Relations at the Brookfield Zoo in Brookfield, Illinois, for his review of this book.

Unas palabras están en negrita, **así.**
Las encontrarás en el glosario en fotos de la página 23.

Contenido

¿Qué es el león marino?

El león marino es un **mamífero**.

Los mamíferos tienen el cuerpo cubierto de pelo o pelaje.

En estado natural, el león marino
vive cerca del mar.

Pero lo podemos ver en el
zoológico.

¿Cómo es el león marino?

aleta

El león marino tiene pelo café.

Tiene cuatro **aletas**.

hocico | **bigotes** | **pabellón de la oreja**

El león marino tiene bigotes en el **hocico.**

En la cabeza tiene el **pabellón de la oreja.**

¿Cómo es la cría del león marino?

La cría del león marino se parece a sus padres, pero es más pequeña.

Las crías del león marino se llaman **cachorros**.

Los cachorros son de color café claro.

A medida que crecen se parecen más a sus padres.

¿Dónde vive el león marino?

En estado natural, el león marino vive en el mar y en la **orilla** del mar.

Vive en grupos llamados **colonias**.

En el zoológico, el león marino vive en grandes estanques.

Muchos estanques tienen ventanas para ver debajo del agua.

¿Qué come el león marino?

En su ambiente natural, el león
marino come peces y **calamares.**

En el zoológico, los **cuidadores**
le dan al león marino pescados
y calamares.

¿Qué hace el león marino todo el día?

El león marino come durante el día.

También nada y duerme.

En el zoológico, el león marino pasa tiempo con los **cuidadores**.

La gente mira cuando los cuidadores dan de comer a los leones marinos.

¿Cómo duerme el león marino?

El león marino a veces duerme en la tierra.

Muchos leones marinos duermen juntos en un lugar soleado.

El león marino a veces duerme
en el agua.

Flota con el **hocico** fuera del agua.

¿Qué sonido hace el león marino?

El león marino ruge como un león.

A eso se debe su nombre.

El león marino hace un sonido como
de corneta.

También ladra.

¿Qué tiene de especial?

El león marino es muy buen nadador.

Pero también camina en la tierra con las **aletas**.

El león marino aprende con
facilidad.

Los **cuidadores** le enseñan
muchas cosas.

Prueba

¿Recuerdas cómo se llaman estas partes del león marino?

Busca las respuestas en la página 24.

?

?

?

?

Glosario en fotos

colonia
página 10

mamífero
página 4

hocico
páginas 7, 17

**pabellón
de la oreja**
página 7

cachorro
páginas 8, 9

calamar
páginas 12, 13

aleta
páginas 6, 20

orilla
página 10

cuidador
páginas
13, 15, 21

Nota a padres y maestros

Leer para buscar información es un aspecto importante del desarrollo de la lectoescritura. El aprendizaje empieza con una pregunta. Si usted alienta las preguntas de los niños sobre el mundo que los rodea, los ayudará a verse como investigadores. En este libro, se identifica al animal como un mamífero. Por definición, los mamíferos tienen pelo o pelaje y producen leche para alimentar a sus crías. El símbolo de mamífero en el glosario en fotos es una perra amamantando sus cachorros. Comente que, fuera del perro, hay muchos otros mamíferos, entre ellos el ser humano.

Índice

Respuestas de la página 22

hocico

bigotes

pabellón de la oreja

aletas

24